Khdega Galala

Exemplos de programação C++: Matrizes unidimensionais

Exemplos de programação C++: Matrizes unidimensionais

Khdega Galala

Exemplos de programação C++: Matrizes unidimensionais

ScienciaScripts

Imprint

Any brand names and product names mentioned in this book are subject to trademark, brand or patent protection and are trademarks or registered trademarks of their respective holders. The use of brand names, product names, common names, trade names, product descriptions etc. even without a particular marking in this work is in no way to be construed to mean that such names may be regarded as unrestricted in respect of trademark and brand protection legislation and could thus be used by anyone.

Cover image: www.ingimage.com

This book is a translation from the original published under ISBN 978-620-2-06759-1.

Publisher:
Sciencia Scripts
is a trademark of
Dodo Books Indian Ocean Ltd. and OmniScriptum S.R.L publishing group

120 High Road, East Finchley, London, N2 9ED, United Kingdom
Str. Armeneasca 28/1, office 1, Chisinau MD-2012, Republic of Moldova, Europe
Printed at: see last page
ISBN: 978-620-7-94036-3

Conteúdo

Prefácio

Este livro aborda um dos tipos mais básicos e mais significativos de estruturas de dados. Fornece uma visão geral das questões críticas das matrizes unidimensionais na programação C++. Neste livro, são apresentados vários programas C++ completos em matrizes unidimensionais. Esses exemplos são cuidadosamente escolhidos para incluir os principais conceitos e técnicas de matrizes.

Este livro tem como objetivo ajudar os estudantes e os principiantes a ultrapassar as dificuldades de aprendizagem do C++ e a melhorar as suas competências de programação.

Embora existam muitos dos melhores livros de C++ disponíveis para o leitor, as principais características deste livro são o facto de se concentrar num tópico e de o explicar de forma simples, apoiado por vários exemplos de programas C++.

Este livro será útil para quem quiser aprender este tópico em passos simples para garantir que o consegue compreender facilmente e programar de forma eficaz e eficiente.

Agradecimentos

Gostaria de expressar a minha gratidão às muitas pessoas que contribuíram para a conclusão bem sucedida do trabalho. Muito especialmente, gostaria de agradecer à minha mãe Um ALhana e às minhas irmãs Mabrouka, Nagah e Suhaila. Muitas vezes, tiveram de suportar as minhas longas horas de trabalho, a qualquer hora do dia, enquanto eu estava a escrever este livro.

Um grande obrigado aos meus irmãos Sanusi e Ahmad. Deram-me muitos incentivos e apoio em todas as etapas da realização deste livro.

Agradeço também a todos os que analisaram este livro e fizeram muitas sugestões úteis.

Khdega Galala

Matrizes na programação C++

Uma matriz é uma coleção de dados do mesmo tipo armazenados numa localização de memória sequencial. Trata-se de uma estrutura de dados linear, em que os dados são armazenados sequencialmente uns a seguir aos outros. O número de itens numa matriz é designado por comprimento da matriz ou tamanho da matriz. O número da posição de um item numa matriz é designado por índice desse item. O acesso aos elementos de uma matriz é feito através de um índice. As matrizes podem ter uma ou várias dimensões, mas o tipo mais comum de matriz é a matriz unidimensional. O resto deste livro está organizado de forma a oferecer uma visão geral dos antecedentes básicos das matrizes, centrando-se na matriz unidimensional e descrevendo-a em pormenor.

Matrizes unidimensionais

A dimensão refere-se ao tamanho da matriz que mostra a sua dimensão. Uma matriz unidimensional é como uma lista e é normalmente conhecida como matriz 1-D. As secções seguintes apresentam uma panorâmica dos principais conceitos e técnicas de matrizes em C++ e fornecem informações sobre como declarar, inicializar e aceder a elementos de matrizes, reforçadas por vários exemplos de programas com uma breve explicação para facilitar a compreensão.

2.1 Declaração de uma matriz unidimensional

Em C++, as matrizes devem ser declaradas antes de poderem ser utilizadas no programa. A forma geral de declaração de uma matriz unidimensional é a seguinte

datatype nome_da_matriz[tamanho(número de elementos)];

Por exemplo,

int a[10]; // declara uma matriz de inteiros com 10 elementos float b[20]; // declara uma matriz de floats com 20 elementos char c[30]; // declara uma matriz de caracteres com 30 elementos É possível declarar uma ou mais matrizes numa única declaração. Por exemplo, int a[10] ,b[10];

As matrizes e as variáveis regulares podem também ser declaradas em conjunto. Por exemplo, int sum, array1[5];

2.2 Inicialização de uma matriz unidimensional

As matrizes podem ser inicializadas no momento da declaração. A forma geral de inicialização de uma matriz é semelhante à de outras variáveis comuns.

tipo nome_da_matriz[tamanho]={ lista de valores };

Os valores na lista são separados por vírgulas entre parênteses. Por exemplo, int array1[5] = {1,2,3,4,5};

No exemplo acima, uma matriz inteira de cinco elementos é inicializada com os números de 1 a 5.

Outro método para inicializar a matriz durante a declaração:

int array1[] = {10,20,30};

Não é isso, é possível que o tamanho do array tenha ficado em aberto. O compilador determinará o tamanho do array contando o número de inicializadores e criando um array suficientemente grande para conter o seu tamanho.

Um array também pode ser explicitamente inicializado em tempo de execução. Por exemplo,

```
int  i, x[50]
for(int i=0;i<50;i++)
   {
       cin>>x[i];
   }
```

O exemplo acima irá inicializar os elementos do array com os valores introduzidos através do teclado.

2.3 Acessando elementos de uma matriz unidimensional

Em C++, os valores de qualquer um dos elementos de uma matriz podem ser acedidos especificando o nome da matriz seguido do índice entre parênteses rectos. A sintaxe é a seguinte:

nome[índice];

Por exemplo, a instrução a seguir armazena o valor 7 no terceiro elemento de Array_item:

$$Array\_item \ [2] = 7;$$

Outro exemplo,

$$int \ a[5] = \{22, 55, 88, 99, 33\};$$

Na declaração acima, a[0] é inicializado para 22, a[1] é inicializado para 55 e assim por diante.

Lembre-se: em C++, os índices são numerados a partir de 0, não a partir de 1.

2.4 Ler e imprimir elementos de matriz em C++

Para introduzir e apresentar elementos numa matriz, é necessário utilizar "loops for",
como se mostra abaixo:

Utilizar o loop para introduzir elementos da matriz do utilizador,

```
int a[10], i ;
for (i=0 ; i<10; i++)
cin>>a[i]; // input elements of array a
```

Utilizar o loop para apresentar elementos da matriz

```
int a[10], i ;
for (i=0 ; i<10; i++)
cout<<a[i]; // output elements of array a.
```

2.5 Exercícios

1- Na declaração da matriz (float Array_item [100];), indique o seguinte:

a.   O nome da matriz

b.   O tipo de base

c.   O tamanho declarado da matriz

2- Identifique o(s) erro(s), caso exista(m), em cada uma das seguintes declarações de
matriz.

a.   Int x[55];

b.   int item[];

c.   int soma (100);

d.   doubla array1[50];

e.   int 2item[20];

f.   Soma dupla[5];

g.   int [100] sum;

3- Identifique os erros, se existirem, em cada uma das seguintes instruções de inicialização.

a.   int número []={1,4,3};

b.   float x[3] ={0;1;2;3;4;5};

c.   int x[4] = { 8.8, 7.9, 6.2, 4.4, 3.2 };

d.   float d[3] = { 2.1 , 20.01, 200,021, 2000.2002 } ;

e.   double sample[]={'A','B','C','D','E'};

4- Escreva instruções C++ para fazer o seguinte:

a.   Declare uma matriz de números inteiros chamada item com 5 elementos.

b.   Inicializa cada elemento da matriz item para 100.

c.   Define o valor do quarto elemento do item da matriz como 55.

d.   Apresenta o valor do primeiro elemento do item da matriz.

e.   Peça ao utilizador para introduzir cada valor da matriz.

2.6 Exemplos de programas C++ sobre matrizes unidimensionais

Mais exemplos de processamento de matrizes serão discutidos nesta secção, pelo que esta secção está dividida em 10 subsecções para abranger o processamento principal de uma matriz, como a visualização de elementos de uma matriz, a travessia de uma matriz de números inteiros, a operação de pesquisa e ordenação numa matriz, a inserção e eliminação de elementos de ou numa matriz, etc.

2.6.1 Exemplos para exibir os elementos de uma matriz

Esta secção trata de um programa para mostrar elementos de uma matriz unidimensional, um programa para ler e imprimir elementos de uma matriz, um programa para ler e imprimir 6 elementos de uma matriz e um programa para mostrar o primeiro elemento de uma matriz.

2.6.1.1 Um programa para mostrar uma matriz unidimensional de elementos inteiros.

No programa seguinte, é declarada e inicializada uma matriz de cinco elementos inteiros (matriz1[5]={10,15,30,32,21}). O programa apresentará todos os elementos da matriz para o ciclo utilizado, como mostrado abaixo:

```
#include<iostream.h>
int main()
{
int i,array1[5]={10,15,30,32,21}; //array with 5 elements
cout<<"The content of array is:\n";
for (i=0;i<5;i++)
 cout<< array1[i]<<"\n";
return 0;

}
```

Saída de amostra:

O conteúdo da matriz é:

10

15

30

32

21

1.1.1.2 Um programa para ler e imprimir uma matriz unidimensional de elementos inteiros.

O programa abaixo usa o tamanho da matriz (n) e os elementos da matriz para armazenar todos os elementos na matriz (matriz1[]) e, em seguida, imprime a matriz usando um loop for, como mostrado no programa a seguir.

```cpp
#include<iostream.h>
int main()
{
  int array1[100], n;
  cout<<"How many element you want to store in the array: ";
        cin>>n;
cout<<"Enter element to store in the array : \n";
        for(int i=0; i<n; i++)
                cin>> array1[i];
cout<<"The elements in the array is : \n";
        for(i=0; i<n; i++)
        {
                cout<< array1 [i]<<endl;
        }
        return 0;
}
```

Saída de amostra:

Quantos elementos pretende armazenar na matriz:3

Introduzir o elemento a armazenar na matriz :

1

2

3

Os elementos da matriz são :

1

2

3

1.1.1.3 Um programa para ler e imprimir uma matriz de 6 elementos.

Este programa vai ler e imprimir 6 elementos do tipo inteiro utilizando uma matriz (arry1[]). Para ler e imprimir 6 elementos vamos executar o ciclo do índice 0 ao 5 porque o primeiro elemento é armazenado no índice 0.

```cpp
#include<iostream.h>
int main() {
int  i, arry1[6];
cout<<" Enter array elements.\n";
 for (i=0;i<6;i++)
cin>> arry1[i] ;
cout<<"The content of array is .\n";
 for (i=0;i<6;i++)
 cout<< arry1[i]<<"\n";
return 0;
}
```

Saída de amostra:

Introduzir elementos da matriz.

1

2

3

4

5

6

O conteúdo da matriz é .

1

2

3

4

5

6

1.1.1.4 Um programa para mostrar o primeiro elemento de uma matriz.

O programa abaixo irá declarar e inicializar uma matriz de cinco elementos inteiros (matriz1[5]={6,8,4,3,2}). Em seguida, exibe o primeiro elemento de uma matriz (matriz1[0];).

```
#include<iostream.h>
int main() {
int i,array1[5]={6,8,4,3,2};
cout<< " First element in array ="<<array1[0];
return 0;
 }
```

Saída de amostra:

Primeiro elemento da matriz =6

2.6.2 Exemplos de operações matemáticas numa matriz

Esta secção trata do programa para calcular a soma dos elementos de uma matriz. Também tem um programa para calcular a soma de elementos ímpares de uma matriz. A secção também trata de um programa para calcular a soma e a média de elementos de uma matriz.

2.6.2.1 Um programa para calcular a soma de elementos de uma matriz.

O programa recebe o número de elementos do utilizador e armazena-o na variável num. Também recebe os elementos da matriz do utilizador e guarda-os na matriz (x[]). Em seguida, utiliza um ciclo for para determinar a soma de todos os elementos da matriz, armazena os resultados na variável soma (soma += x[i];) e apresenta o resultado no ecrã de saída, como se mostra a seguir:

```cpp
#include<iostream.h>
    int main(){
        int x[100],num,i,sum=0;
cout<<"Enter number of elements you want to insert: ";
        cin>> num;
        for(i=0;i< num;i++)
  {
cout<<"Enter element "<<i+1<<":";
            cin>>x[i];
  }
        for(i=0;i< num;i++)
        sum+=x[i]; // sum=sum+ x[i]
cout<<"\nThe sum of array is :"<<sum;
        return 0;
}
```

Saída de amostra:

Introduzir o número de elementos que se pretende inserir:3

Introduzir elemento 1:1

Introduzir o elemento 2:2

Introduzir o elemento 3:3

A soma da matriz é :6

2.6.2.2 Um programa para calcular a soma de elementos ímpares de uma matriz.

Este programa recebe o número de elementos do utilizador e guarda-os na variável num. Também recebe elementos da matriz do utilizador e guarda-os na matriz (x[]). Verifica se o módulo de divisão do número é igual a 0 ou não (if(x[i]%2!=0)), então o número é ímpar, caso contrário é par. Depois disso, adicionamos todos os elementos ímpares e armazenamos os resultados na variável soma (soma += x[i];). Depois de toda a matriz ter sido processada, o resultado é apresentado no ecrã de saída, como mostra o programa seguinte.

```cpp
#include<iostream.h>
int main(){
int x[100],num,i,sum=0;
cout<<"Enter number of elements you want to insert: ";
cin>> num;
        for(i=0;i< num;i++)
    {
cout<<"Enter element "<<i+1<<":";
        cin>>x[i];
    }
        for(i=0;i< num;i++)
{

     if(x[i]%2!=0)
     sum+=x[i];
}
cout<<"\nThe sum of odd array elements is :"<<sum;
        return 0;
    }
```

Saída de amostra:

Introduzir o número de elementos que se pretende inserir: 3

Introduzir elemento 1:1

Introduzir o elemento 2:2

Introduzir o elemento 3:3

A soma dos elementos ímpares da matriz é: 4

Também se pode escrever um programa para contar o número total de elementos pares e ímpares de uma matriz, como se mostra no programa seguinte.

```cpp
#include<iostream.h>
int main() {
    int x[100];
    int i, n, even=0, odd=0;
    cout<<"Enter size of the array: ";
    cin>>n;
    for(i=0; i<n; i++)
    {
    cout<<"Enter element "<<i+1<<": ";
    cin>>x[i];
    }
    for(i=0; i<n; i++)
    {
    if(x[i]%2 == 0)
    {
    even++;
    }else
      {
    odd++;
      } }
    cout<<"Total even elements: "<<even<<"\n";
    cout<<"Total odd elements: "<< odd<<"\n";
    return 0;
    }
```

Saída de amostra:

Introduzir o tamanho da matriz: 3

Introduzir o elemento 1: 1

Introduzir o elemento 2: 2

Introduzir o elemento 3: 3

Total de elementos pares: 1

Total de elementos ímpares: 2

2.6.2.3 Um programa para calcular a soma e a média de elementos de uma matriz.

Este programa é executado para calcular a soma e a média de elementos de uma matriz. Primeiro, calcula a soma de todos os valores dos elementos. Pode implementar o programa anterior (na secção 2.6.2.1) para encontrar a soma de todos os elementos da matriz (sum+=x[i];). Em seguida, calcula a média de todos os valores dos elementos dividindo a variável soma pela variável número (soma/número;) e apresenta o resultado no ecrã de saída, como mostra o programa seguinte.

```
#include<iostream.h>
int main(){
        int x[100],num,i,sum=0;
cout<<"Enter number of elements you want to insert: ";
        cin>> num;
        for(i=0;i< num;i++)
    {
cout<<"Enter element "<<i+1<<":";
        cin>>x[i];
    }
        for(i=0;i< num;i++)
        sum+=x[i]; // sum=sum+ x[i]
cout<<"\nThe sum of array is :"<<sum;
cout<<"\nThe average of array is :"<<sum/ num;
        return 0;
}
```

Saída de amostra:

Introduzir o número de elementos que se pretende inserir:3

Introduzir elemento 1:1

Introduzir o elemento 2:2

Introduzir o elemento 3:3

A soma da matriz é :6

A média da matriz é :2

2.6.3 Exemplos de operações sobre um elemento específico de uma matriz

Esta secção trata de programas para contar zero, números positivos e negativos numa matriz. A secção também trata de um programa para incrementar cada elemento da matriz por 10 e imprimi-los. Também tem um programa para incrementar os elementos pares da matriz em 100.

2.6.3.1 Um programa para contar elementos zero, positivos e negativos numa matriz.

Este programa recebe elementos da matriz do utilizador e guarda-os na matriz (z[]). Para contar a ocorrência de positivo, negativo e zero nos elementos da matriz, basta verificar todos os elementos da matriz utilizados no ciclo se o elemento é 0, inferior a zero (z[i]<0) ou superior a 0 (z[i]>0), como mostra o programa seguinte.

```cpp
#include <iostream.h>
int main( ) {
int z[100],i,n, pos=0, neg=0,c=0;
cout<<"Enter number of elements you want to insert: ";
        cin>>n;
cout<<" Enter array elements.\n";
for(i=0;i<n;i++)
cin>>z[i];
for(i=0;i<n;i++)
   {
if(z[i]>0) pos++; //pos=pos+1
else if(z[i]<0) neg++; //neg=neg+1
else c++; //c=c+1
   }
cout<<"Number of positive elements is "<<pos<<endl;
cout<<"Number of negative elements is "<<neg<<endl;
cout<<"Number of zeros is "<<c<<endl;

return 0; }
```

Saída de amostra:

Introduzir o número de elementos que pretende inserir:5

Introduzir elementos da matriz.

0

1

2

- 3

- 4

O número de elementos positivos é 2

O número de elementos negativos é 2

O número de zeros é 1

Um programa também pode ser escrito para separar elementos positivos e negativos em matrizes separadas, como mostra o programa a seguir.

```cpp
#include <iostream.h>
int main()
{
    int num[100], pos2[100], neg3[100];
    int i,pos=0,neg=0,n;
            cout<<"Enter size of the array: ";
        cin>>n;
         cout<<"\n Enter  The array elements :\n";
         for(i=0;i<n;i++)
                {
        cout<<"\n Element "<<i+1<<":";
        cin>>num[i];
            }
    for(i=0;i<n;i++)
     {
    if (num[i]> 0)
    {
            pos2[pos] = num[i];
            pos++;
```

```cpp
            }
        else
            {
                neg3[neg] = num[i];
                neg++;
            }
        }
    cout<<"\nThe positive elements are : \n";
    for(i=0;i<pos;i++)
    {
    cout<<pos2[i]<<endl;
    }
    cout<<"\nThe negative elements are:\n";
    for(i=0;i<neg;i++)
    {
    cout<< neg3[i]<<endl;
    }
    return 0;

    }
```

Saída de amostra:

Introduzir o tamanho da matriz: 3

Introduzir Os elementos da matriz :

Elemento 1: 1

Elemento 2: -2

Elemento 3: 3

Os elementos positivos são :

1

3

Os elementos negativos são:

- 2

2.6.3.2 Um programa para incrementar os elementos da matriz em 10 e imprimir a matriz incrementada.

Este programa declara e inicializa uma matriz de cinco elementos (a [5]={10,20,30,40,50}) e adiciona 10 a cada elemento da matriz (a [i]= a [i]+10). Depois de toda a matriz ter sido processada, a nova matriz (matriz incrementada) é apresentada no ecrã de saída, como mostra o programa seguinte.

```cpp
#include<iostream.h>
int main(){
int i,a [5]={10,20,30,40,50};
 cout<<"\n Array before increment:"<<endl;
  for (i=0;i<5;i++)
 cout<< a [i]<<"\n";
cout<<"\n Array after increment:"<<endl;
for (i=0;i<5;i++) {
a [i]= a [i]+10;
 cout<< a [i]<<"\n";
    }
return 0;
}
```

Saída de amostra:

Matriz antes do incremento:

10

20

30

40

50

Matriz após o incremento:

20

30

40

50

À semelhança do programa anterior, podemos decrementar os elementos da matriz. Basta substituir esta instrução (a [i]= a [i]+10;) por esta instrução (a [i]= a [i]-10;).

2.6.3.3 Um programa para incrementar o elemento par da matriz em 100 e imprimir a nova matriz.

Este programa declara e inicializa uma matriz de cinco elementos inteiros (B[5]={5,10,15,20,25}). Depois disso, verificamos a condição para elementos pares (if (B[i]%2==0)) e adicionamos 100 a cada elemento par (B[i]= B[i]+100;). Depois de toda a matriz ter sido processada, a nova matriz é apresentada no ecrã de saída, como mostra o programa seguinte.

```cpp
#include<iostream.h>
int main(){
int i,B[5]={5,10,15,20,25};
cout<<"\n Array before adding:"<<endl;
for (i=0;i<5;i++)
cout<< B[i]<<"\n";
cout<<"\n Array after adding:"<<endl;
for (i=0;i<5;i++)
  {
if(B[i]%2==0)
    {
B[i]= B[i]+100;
 cout<< B[i]<<"\n";
    }
  }
return 0;

}
```

Saída de amostra:

Matriz antes de adicionar:

5

10

15

20

25

Matriz após a adição:

110

120

2.6.4 Exemplos sobre como encontrar o elemento máximo e mínimo numa matriz

Esta secção trata de um programa para encontrar o elemento mínimo de uma matriz. Também tem um programa para encontrar o elemento máximo e mínimo de uma matriz.

2.6.4.1 Um programa para encontrar o elemento mínimo de uma matriz.

Este programa recebe o número (n) de elementos do utilizador e atribui o elemento de dados a uma matriz (A[]). Para encontrar o elemento mínimo, atribui o valor no índice '0' (A[0]) à variável min. Compara a variável min com outros elementos de dados sequencialmente e troca os valores se o valor min for superior ao valor nesse índice específico da matriz. Depois de toda a matriz ter sido processada, a variável min é o elemento mínimo na matriz global e estará na posição A[0].

```cpp
#include<iostream.h>
int main() {
int A [100],n,i, min;
cout<<"Enter Array Size: ";
cin>>n;
for(i=0;i<n;i++)
   {
cout<<"Enter element "<<i+1<<":";

cin>>A [i];
    }
min=A [0];
 for(i=1;i<n;i++)
     {
if(A [i]< min)
min=A [i];
     }
cout<<"\n Minimum element is :"<< min;
        return 0;
}
```

Saída de amostra:

Introduzir o tamanho da matriz: 3

Introduzir elemento 1:1

Introduzir o elemento 2:2

Introduzir o elemento 3:3

O elemento mínimo é :1

Um programa também pode ser escrito para encontrar o elemento máximo numa matriz
e imprimir o local em que o elemento máximo é encontrado

```cpp
    if (array[i] > Maximum)
    {
        Maximum = array[i];
        location = i;
    }
```

as shown in the following program.

```cpp
#include<iostream.h>
int main() {
 int array[100], Maximum, n, i, location = 1;
cout<<"Enter Array Size: ";
cin>>n;
for(i=0;i<n;i++)

    {
cout<<"Enter element "<<i+1<<":";
cin>>array [i];
    }
 Maximum = array[0];
for(i=1;i<n;i++)
    {
if (array[i] > Maximum)
    {
 Maximum = array[i];
 location = i;
    }
    }
cout<<"Maximum element is present at location  "<< location <<" and it's value is
"<< Maximum;
 return 0;
}
```

Saída de amostra:

Introduzir o tamanho da matriz: 3

Introduzir elemento 1:1

Introduzir o elemento 2:2

Introduzir o elemento 3:3

O elemento máximo está presente na localização 2 e o seu valor é 3

2.6.4.2 Um programa para encontrar o elemento máximo e mínimo de uma matriz.

```cpp
#include<iostream.h>
int main() {
        int A [100],n,i, min, max;
        cout<<"Enter Array Size: ";
        cin>>n;
        for(i=0;i<n;i++)

    {
                cout<<"Enter element "<<i+1<<":";
                cin>>A [i];
    }
    min=A [0];
    max=A [0];
    for(i=1;i<n;i++)
    {
            if(A [i]< min)
            min=A [i];
            if(A [i]> max)
            max=A [i];
    }
    cout<<"\n Maximum element is :"<< max;
    cout<<"\n Minimum element is :"<< min;
    return 0;
}
```

Saída de amostra:

Introduzir o tamanho da matriz: 3

Introduzir elemento 1:1

Introduzir o elemento 2:2

Introduzir o elemento 3:3

O elemento máximo é :3

O elemento mínimo é :1

2.6.5 Exemplos de operações de adição e mesclagem em uma matriz

Esta secção trata de programas que mostram como fundir e adicionar duas matrizes unidimensionais.

2.6.5.1 Um programa para fundir duas matrizes unidimensionais

Este programa pede ao utilizador para introduzir o tamanho da primeira matriz (arr1[]) e da segunda matriz (array2[]), pede também para introduzir os elementos da primeira e da segunda matriz. Depois disso, começa a adicionar o elemento da primeira matriz à terceira matriz (merge[]). Em seguida, começa a acrescentar os elementos da segunda matriz à terceira matriz e apresenta o resultado da matriz combinada no ecrã de saída, como mostra o programa seguinte.

```cpp
#include<iostream.h>
int main()
{
    int array1[30], array2[30], s1, s2, size, i, j, merge[60];
cout<<" Enter the number of elements in the first array: ";
        cin>>s1;
        for(i=0; i<s1; i++)
        {
    cout<<" \nEnter the Element  "<< i+1<<" of array1: ";
        cin>> array1[i];
        }
    cout<<" \n Enter the number of elements in the second array: ";
        cin>>s2;
                for(i=0; i<s2; i++)
            {
```

```cpp
        cout<<" \nEnter the Element "<<i+1<< " of Array2: ";
        cin>> array2 [i];
        }
    for(i=0; i<s1; i++)
    {
            merge[i]= array1[i];
    }
    size=s1+s2;
    for(i=0, j=s1; j<size && i<s2; i++, j++)
    {

            merge[j]= array2 [i];
    }
    cout<<" \nThe new array after merging is :\n";
    for(i=0; i<size; i++)
    {
            cout<<merge[i]<<" ";
    }
return 0;
}
```

Saída de amostra:

Introduzir o número de elementos na primeira matriz:3

Introduzir o elemento 1 da matriz1: 1

Introduza o elemento 2 da matriz1: 2

Introduza o elemento 3 da matriz1: 3

Introduza o número de elementos na segunda matriz: 3

Introduzir o elemento 1 da matriz2: 4

Introduzir o elemento 2 da matriz2: 5

Introduzir o elemento 3 da matriz2: 6

A nova matriz após a fusão é :

1   2 3 4 5 6

2.6.5.2 Um programa para adicionar duas matrizes unidimensionais

Neste programa, pede-se ao utilizador que introduza os elementos da matriz frits (matriz1[]). Além disso, pede-se ao utilizador que introduza os elementos da segunda matriz (matriz2[]). Os valores de array1 e array2 devem ser do mesmo tipo de dados. Em seguida, o programa adiciona estas duas matrizes, guarda-as na terceira matriz (matriz3[i]= matriz1[i]+ matriz2[i];) e apresenta a nova matriz no ecrã, como se mostra a seguir.

```cpp
#include<iostream.h>
int main() {
int array1[3], array2[3], array3[3],i,j;
cout<<"Enter first array :"<<"\n";

for(i=0;i<3;i++)
cin>> array1[i];
cout<<"Enter second array :"<<"\n";
for(i=0;i<3;i++)
cin>> array2[i];
cout<<" The new array after adding is :\n";
for(i=0;i<3;i++){
cout<<"\n";
array3[i]= array1[i]+ array2[i];
cout<<array3[i]<<"\t";} return 0;
}
```

Saída de amostra:

Introduzir a primeira matriz :

1

1

1

Introduzir a segunda matriz :

1

1

1

A nova matriz após a adição é :

2

2

2

2.6.6 Exemplo de matriz inversa em C++

Esta secção trata dos elementos da matriz inversa. Tem um programa para inverter uma matriz e apresentá-la no ecrã de saída.

2.6.6.1 Um programa para inverter o elemento de uma matriz de números inteiros.

Este programa recebe do utilizador o tamanho da matriz (n) e os elementos da matriz, e começa a trocar os elementos da matriz criando uma variável, digamos temp, do mesmo tipo de dados. Coloca o primeiro elemento na variável temp, depois o último elemento na primeira, depois a variável temp na última e continua a inverter a matriz e a imprimir a matriz invertida no ecrã, como mostra o programa abaixo.

```cpp
#include<iostream.h>
int main(){
int k[100],n,temp,i,j;
cout<<"\n Enter Array Size : ";
cin>>n;
for(i=0;i<n;i++) {
cout<<"Enter Element "<<i+1<<":";
cin>>k[i]; }
for(i=0,j=n-1;i<n/2;i++,j--) {
  temp=k[i];
  k[i]=k[j];
  k[j]=temp; }
cout<<"\n Reverse Array:"<<endl;
for(i=0;i<n;i++)
cout<<k[i]<<"\n ";
return 0;
 }
```

Saída de amostra:

Introduzir o tamanho da matriz: 3

Introduzir o elemento 1: 1

Introduzir o elemento 2: 2

Introduzir o elemento 3: 3

Matriz inversa:

3

2

2.6.7 Exemplos de operação de pesquisa em uma matriz

A pesquisa é uma técnica comum de processamento de matrizes e refere-se à procura de um elemento específico na matriz. Esta secção trata das operações de pesquisa numa matriz. Apresenta um programa para ler uma matriz e procurar um elemento na matriz de entrada. A secção também trata de um programa para encontrar um elemento específico na matriz e imprimir a sua posição. Também tem um programa para contar a frequência de todos os elementos de uma matriz. A secção também trata de um programa para contar a frequência de um elemento específico de uma matriz.

2.6.7.1 Um programa para procurar um elemento numa matriz em C++

Este programa utiliza a técnica de pesquisa linear para procurar um elemento numa matriz. Neste programa, os elementos da matriz são introduzidos na matriz k[]. A variável chave é utilizada para armazenar o elemento a procurar. Define uma variável de contador como count = 0. Inicialmente, assumimos que count é 0, o que significa que inicialmente assumimos que o número procurado não foi encontrado. Em seguida, começa a comparar cada elemento da matriz com a variável chave até encontrar o elemento pretendido ou até a matriz terminar. Se o elemento for encontrado, o elemento encontrado será impresso no ecrã; caso contrário, será impresso o elemento não encontrado.

```cpp
#include <iostream.h>
int main(){
int k[100], i, key, n, count=0;
cout<<"\n Enter Array Size : ";
cin>>n;
for(i=0; i<n; i++)
   {
 cout<<"\n Enter Array Elements : ";
cin>>k[i];
   }
cout<<"\n Enter Element to be Searched : ";
cin>>key;
for(i=0; i<n; i++) {
```

```
if(k[i]== key)
count++; }
if(count==0)
cout<<"\n Element Not Found. ";
else
cout<<"\n Element Was Found . " ;
 return 0;
 }
```

Saída de amostra:

Introduzir o tamanho da matriz: 3

Introduzir elementos da matriz: 1

Introduzir elementos da matriz: 2

Introduzir elementos de matriz : 3

Introduzir o elemento a pesquisar: 2

O elemento foi encontrado .

2.6.7.2 Um programa para encontrar um determinado elemento na matriz e imprimir a sua posição

O programa abaixo procurará um determinado elemento na matriz e imprimirá a sua posição. Para isso, podemos implementar o programa anterior (na secção 2.6.7.1) para verificar se o elemento pretendido está presente numa matriz (if(k[i]== chave)) se estiver presente, o programa imprimirá a posição em que o elemento pretendido se encontra.

```cpp
#include <iostream.h>
int main(){
 int k[10], i, key, n, count=0;
cout<<"\n Enter Array Size : ";
cin>>n;
for(i=0; i<n; i++)
                {
 cout<<"\n Enter Array Elements : ";
cin>>k[i];

                }
cout<<"\n Enter Element to be Searched : ";
cin>> key;
for(i=0; i<n; i++)
        {
if(k[i]== key)
            {
count++;
cout<<"\n Element "<< key <<" is present at position "<<i;
            }
        }
  if(count==0)
cout<<"\n Element is not present in array. ";
  return 0;
}
```

Saída de amostra:

Introduzir o tamanho da matriz: 3

Introduzir elementos da matriz: 1

Introduzir elementos da matriz: 2

Introduzir elementos de matriz : 3

Introduzir o elemento a pesquisar: 2

O elemento 2 está presente na posição 1

2.6.7.3 Um programa para contar a frequência de todos os elementos de uma matriz

Neste programa, os elementos da matriz são introduzidos na matriz (org_array []). Outra matriz (matriz_freq[]) é utilizada para armazenar as frequências de todos os elementos da matriz. A variável (c) é utilizada para contar a frequência total do elemento da matriz atualmente selecionado. Se for encontrado um elemento duplicado, o programa incrementa a contagem da frequência do elemento atual da matriz (se (org_matriz [i] == org_matriz [j]) então c++). Depois de toda a matriz ter sido processada, o programa armazena a contagem total de duplicados do elemento atual na matriz de frequências (freq_array[i] = c) e apresenta o resultado das frequências de cada elemento da matriz no ecrã de saída, como mostra o programa seguinte.

```cpp
#include <iostream.h>
int main(){
        int org_array[100], freq_array[100];
        int  i, j,n, c;
        cout<<"Enter the number of an array elements: ";
        cin>>n;
        cout<<"Enter Array Elements: \n";
        for(i=0;i<n;i++){
        cout<<"Element "<< i+1 <<" : ";
        cin>>org_array[i];
        freq_array[i] = -1;
                }
        for(i=0; i<n; i++)
        {
           c = 1;
           for(j=i+1; j<n; j++)   {
        if(org_array[i]==org_array[j]){
        c++;
        freq_array[j] = 0;
                        } }
                if(freq_array[i]!=0){
                                freq_array[i] = c; }
                }
        cout<<"\nThe frequency of all elements of array : \n";
                for(i=0; i<n; i++){
                if(freq_array[i]!=0){
cout <<"Frequency of "<<org_array[i] <<" = "<<freq_array[i]<< endl;
                }
        }
        return 0;
        }
```

Saída de amostra:

Introduza o número de elementos de uma matriz: 3

Introduzir elementos da matriz:

Elemento 1 : 1

Elemento 2 : 2

Elemento 3 : 3

A frequência de todos os elementos da matriz :

Frequência de 1 = 1

Frequência de 2 = 1

Frequência de 3 = 1

2.6.7.4 Um programa para contar a frequência de um determinado elemento numa matriz.

Este programa é implementado para contar a frequência de um determinado elemento numa matriz. Primeiro, verifica se o elemento pretendido está presente numa matriz (se (k[i]== chave)). Se estiver presente, o programa imprime o elemento pretendido com o número de vezes que ocorre numa matriz.

```cpp
#include <iostream.h>
int main(){
int k[10], i,  n, num, count=0;
cout<<"\n Enter Array Size : ";
cin>>n;
for(i=0; i<n; i++)
    {
cout<<"\n Enter Array Elements : ";
cin>>k[i];
    }
cout<<"\n Enter Element to be Searched : ";
 cin>> num;
  for(i=0; i<n; i++) {
if(k[i]== num)
```

```cpp
count++;
                        }
if(count==0)
cout<<"\n Element Not Found..!!";
else
cout<<"\n Element "<< num <<" found  " <<count << " time(s) ";
  return 0;
}
```

Saída de amostra:

Introduzir o tamanho da matriz: 3

Introduzir elementos da matriz: 1

Introduzir elementos da matriz: 2

Introduzir elementos de matriz : 3

Introduzir o elemento a pesquisar: 3

Elemento 3 encontrado 1 vez(es)

No código abaixo, imprimiremos todos os locais em que o elemento necessário é encontrado e também o número de vezes que ele ocorre em uma matriz.

```cpp
#include <iostream.h>
int main(){
int array1[100], sear, i, n, count = 0;
cout<<" Enter the number of an array elements: ";
 cin>>n;
for(i=0; i<n; i++)
                {
cout<<"\n Enter Array Elements : ";
 cin>>array1[i];
                }
cout<<"\n Enter element to be searched : ";
   cin>> sear;
  for(i=0; i<n; i++)
  {
```

```cpp
if(array1[i]== sear)
   {
cout<<" \n it is present at location " << i;
        count++;
           }
  }
 if (count == 0)
cout<<" Element "<< sear<<"  is not present in an array.";
  else
cout<<" \n Element "<< sear<<" is present "<< count<<" times in an array.\n";
        return 0;
           }
```

Introduzir o tamanho da matriz: 3

Introduzir elementos da matriz: 1

Introduzir elementos da matriz: 2

Introduzir elementos da matriz: 2

Introduzir o elemento a pesquisar: 2

está presente no local 1

está presente no local 2

O elemento 2 está presente 2 vezes numa matriz.

2.6.8 Exemplos de operação de ordenação numa matriz

A ordenação é uma das tarefas de programação mais comuns e refere-se à reorganização de todos os elementos de uma matriz por ordem ascendente ou descendente. Esta secção trata das operações de ordenação de uma matriz. Inclui um programa para ordenar os elementos de uma matriz por ordem decrescente. Também tem um programa para ordenar uma matriz por ordem ascendente e descendente.

2.6.8.1 Um programa para ordenar elementos de uma matriz por ordem decrescente

Neste programa C++, uma forma simples de ordenar uma matriz. Existem literalmente centenas de algoritmos de ordenação diferentes. Um algoritmo de ordenação que é o mais simples e mais fácil de compreender, mas não necessariamente o melhor algoritmo de ordenação, chama-se ordenação por bolhas. No programa seguinte, vamos ordenar uma matriz não ordenada utilizando o algoritmo de ordenação por bolhas. O programa recebe o input do utilizador utilizando o ciclo for e, em seguida, ordena uma matriz utilizando a condição (If) num ciclo (For) aninhado.

```cpp
#include<iostream.h>
int  main() {
int i,a[100], num, temp,j;
cout<<"\n Enter the number of array elements: ";
cin>> num;
cout<<"\n Enter array elements : \n ";
for(i=0;i< num;i++)
    {
cin>>a[i];
    }
cout<<"\n\n Array elements before sorting:\n ";
for(j=0;j< num;j++)
    {
cout<<a[j]<<endl;
    }
for(i=0;i<= num;i++)
    {
for(j=0;j<= num -i;j++)
      {
if(a[j]>a[j+1])
        {
temp=a[j];
a[j]=a[j+1];
a[j+1]=temp;
        }
      }
    }

cout<<"\n Array elements after sorting:\n ";
for(i= num ;i>0 ;i--)
    {
cout<<a[i]<<endl;
    }
return 0;
}
```

Saída de amostra:

Introduza o número de elementos da matriz: 3

Introduzir elementos da matriz :

1

2

3

Elementos da matriz antes da ordenação:

1

2

3

Elementos da matriz após a ordenação:

3

2

1

2.6.8.2 Um programa para ordenar uma matriz por ordem crescente e decrescente.

```cpp
#include<iostream.h>
int  main() {
    int AB[10], i=0, j=0, n, temp;
    cout<<"\n Enter the number of array elements: ";
    cin>>n;
    for (i = 0; i <n; i++)
    {
    cout<<"\n Enter the element "<< i+1 <<": ";
```

```cpp
        cin>> AB[i];
        }
        for (j=0 ; j<(n-1) ; j++)
            {
        for (i=0 ; i<(n-1) ; i++)
            {
              if (AB[i+1] < AB[i])
               {
                  temp = AB [i];
                AB [i] = AB [i + 1];
                AB [i + 1] = temp;
              }}
    }
    cout<<"\n Ascending order: ";
    for (i=0 ; i<n ; i++)
      {
    cout<< AB[i]<<" ";
       }
    cout<<"\n Descending order: ";
    for (i=n ; i>0 ; i--)
          {
    cout<< AB[i-1]<<" ";
    }
      return 0;
}
```

Saída de amostra:

Introduza o número de elementos da matriz: 3

Introduzir o elemento 1: 1

Introduzir o elemento 2: 2

Introduzir o elemento 3: 3

Ordem ascendente: 1 2 3

Ordem decrescente: 3 2 1

2.6.9   Exemplos de inserção de elementos em uma matriz

Esta secção trata da inserção de um elemento numa matriz. Apresenta um programa para inserir um elemento numa posição específica de uma matriz.

2.6.9.1 Um programa para inserir um elemento numa matriz

Este programa está a utilizar uma matriz que pede ao utilizador para introduzir o tamanho da matriz (size) e atribuir os elementos de dados a uma matriz (arr[]). Também recebe uma posição (pos) e um novo elemento que deve ser inserido (insert). Move um elemento existente uma posição para cima até chegar à posição onde é necessário inserir um novo elemento. Depois de inserir o elemento na posição desejada na matriz, a nova matriz é apresentada no ecrã, como mostra o programa seguinte.

```cpp
#include<iostream.h>
int main() {
        int arr[50], size, insert, i, pos;
        cout<<"Enter Array Size : ";
        cin>>size;
        cout<<"\n Enter array elements : \n ";
        for(i=0; i<size; i++)
        {
                cin>>arr[i];
        }
        cout<<"\n Enter element to be insert : ";
        cin>>insert;
        cout<<"\n At which position (Enter index number) : ";
        cin>>pos;
        for(i=size; i>=pos; i--)
        {
                arr[i]=arr[i-1];
        }
         size++;
        arr[pos]=insert;
```

```cpp
cout<<"\n Element inserted successfully, now the new array is : ";
for(i=0; i<size; i++)
{
cout<<"\n" << arr[i]<<" \n";
}
return 0;
}
```

Saída de amostra:

Introduzir o tamanho da matriz: 3

Introduzir elementos da matriz :

1

2

3

Introduzir elemento a inserir: 5

Em que posição (Introduzir o número de índice) : 1

Elemento inserido com sucesso, agora a nova matriz é: 1

5

2

3

2.6.10 Exemplos de eliminação de elementos de uma matriz

Esta secção trata da eliminação de um elemento de uma matriz. Tem um programa para remover o item especificado de uma matriz.

2.6.10.1 Um programa para eliminar um elemento de uma matriz

Este programa utiliza uma matriz que pede ao utilizador para introduzir o tamanho da matriz (size), os elementos da matriz e atribuir os elementos de dados a uma matriz (arr[]). Também pede ao utilizador para introduzir o elemento que deve ser eliminado

(del). Procura-se esse número (if(arr[i]==del)) e, se for encontrado, desloca-se o elemento seguinte após o elemento encontrado para trás (arr[j]=arr[j+1];) até ao último, depois apresenta-se a nova matriz no ecrã, como mostra o programa seguinte.

```cpp
#include<iostream.h>
 int main(){
        int arr[50], size, i, del, count=0;
        cout<<"Enter array size : ";
        cin>>size;
        cout<<"\nEnter array elements :\n ";
        for(i=0; i<size; i++)
        cin>>arr[i];
        cout<<"Enter element to be delete : ";
        cin>>del;
        for(i=0; i<size; i++) {
        if(arr[i]==del)  {
        for(int j=i; j<(size-1); j++)   {
        arr[j]=arr[j+1]; }
           count++;
            break;
                            }
                        }
        if(count==0)
               {
        cout<<"Element not found";
               }
        else
        {
        cout<<"\nElement deleted successfully. Now the new array is : ";
                   for(i=0; i<(size-1); i++)
               {
        cout<<"\n"<<arr[i]<<"\n ";
   }
}
return 0;
```

}

Saída de amostra:

Introduzir o tamanho da matriz: 3

Introduzir elementos da matriz: 1

2

3

Introduzir o elemento a eliminar: 2

Elemento eliminado com êxito. Agora a nova matriz é: 1

3

Referências

[1] Herbert Schildt , C++ A Beginner's Guide, Segunda Edição

[2]   Schildt, H., C++ from the Ground Up, Berkeley, McGraw- Hill, Terceira Edição, 2003.